Emilia Pardo Bazán

Cuentos de Navidad
y Año Nuevo

Barcelona **2024**
Linkgua-ediciones.com

Créditos

Sumario

Brevísima presentación

La vida
Emilia Pardo Bazán (1851-1921). España.

Nació el 16 de septiembre en A Coruña. Hija de los condes de Pardo Bazán, título que heredó en 1890. En su adolescencia escribió algunos versos y los publicó en el *Almanaque de Soto Freire*.

En 1868 contrajo matrimonio con José Quiroga, vivió en Madrid y viajó por Francia, Italia, Suiza, Inglaterra y Austria; sus experiencias e impresiones quedaron reflejadas en libros como *Al pie de la torre Eiffel* (1889), *Por Francia y por Alemania* (1889) o *Por la Europa católica* (1905).

En 1876 Emilia editó su primer libro, *Estudio crítico de Feijoo*, y una colección de poemas, *Jaime*, con motivo del nacimiento de su primer hijo. *Pascual López*, su primera novela, se publicó en 1879 y en 1881 apareció *Viaje de novios*, la primera novela naturalista española. Entre 1831 y 1893 editó la revista *Nuevo Teatro Crítico* y en 1896 conoció a Émile Zola, Alphonse Daudet y los hermanos Goncourt. Además tuvo una importante actividad política como consejera de Instrucción Pública y activista feminista.

Desde 1916 hasta su muerte el 12 de mayo de 1921, fue profesora de Literaturas románicas en la Universidad de Madrid.

Fantasía

I. La Nochebuena en el Infierno

Hacía un frío siberiano y estaba tentadora para pasar las últimas horas de la noche la cerrada habitación, la camilla con su tibia faldamenta que me envuelve como ropón acolchado, y el muelle-sofá de damasco rojo, donde el cuerpo encuentra mil posturas regalonas en que digerir pacíficamente la sopa de almendra y la compota perfumada con canela en rama. ¡Pero no asistir a la Misa del Gallo en la catedral! ¡No oír los gorgojeos del órgano mayor cuando difunde por los aires las notas, trémulas de regocijo, del Hosanna! ¡Nochebuena, y quedarse así, egoístamente, acurrucada, al amor del brasero! No puede ser; ánimo; un abrigo, guantes, calzado fuerte... A la calle enseguida.

Bañada por la misteriosa claridad de la Luna, la ciudad episcopal dormía. Extensas zonas de sombra y sábanas de infinita blancura argentada alternaban en las desiertas calles. Nunca éstas me habían parecido tan solitarias, tan fantásticamente viejas, ni tan adustos los cerrados caserones que ostentan su blasón cual ostentaría la venera un caballero santiaguista, ni tan medrosos los sombríos soportales, que descansan en capiteles bizantinos.

El bulto embozado que al través de aquellos túneles de piedra se desliza a paso de fantasma, ¿no podrá suceder que realmente lo sea? ¡Lo es, sin duda! ¡Lo es! Siento que la sangre se congela en mis venas al observar cómo el bulto, saliendo de las tinieblas del soportal, se dirige a mí y se me pone delante, mudo, derecho, con un dedo apoyado en los labios. Olas de luz lunar le envuelven y me permiten distinguir su faz de cera, que recatan el alto cuello de un montecristo azul y las alas de un sombrero de fieltro caprichosamente abollado. ¡Yo conozco a este hombre... es decir, yo le conocí en otro tiempo, cuando era niña!... ¡Le vi un instante, y nunca olvidé su melancólica y pensativa silueta! Entonces, los estudiantes recitaban sus versos y celebraban sus dichos impregnados de mordaz ironía... Pero, un año después de haberle visto yo, el poeta se pegó un tiro: la bala le entró por la oreja izquierda y le salió por la sien. ¿Cómo es que pasados cuatro lustros me lo encuentro en la calle, a estas horas, la noche del 24 de diciembre, camino de la catedral?

Quiero preguntárselo, y me sucede lo que cuando probamos a gritar en sueños; en mi laringe no se forman sonidos. Él tampoco habla: me hace señas de que le siga..., y le sigo, en dirección a la basílica, cuya masa enorme se alza dominando la Quintana de Muertos.

En vez de entrar por el pórtico bizantino, donde se agolpan los fieles que concurren a la misa nocturna, mi guía y yo nos pegamos al muro de la fachada nueva, y ante nosotros se abre sin ruido una puertecilla pintada de rojo, que yo siempre había visto cerrada. Un pasadizo estrecho, que se enrosca por las entrañas de piedra de la catedral y se va sumiendo cada vez más hondo, se nos presenta: mi fatídico guía se enhebra por él, y yo voy en pos, sin miedo. Verdosas vegetaciones, humedad rezumada por los poros de la cantería, dan a aquel pasadizo gran semejanza con el interior de los acueductos. Allá, a lo lejos, oscila una lucecilla, y diríase que, en vez de acercarnos a ella, la vemos cada vez más distante. Bajamos y bajamos cuestas, rampas, escalones casi insensibles al principio, después tan escabrosos y pendientes, que ya, más que bajar, creo rodar a tropezones. La fatiga y unos asomos de susto me detienen un instante, y entonces mi guía, siempre callado, se vuelve y me hace señas de que continúe. Ya no son escalones; son despeñaderos pedregosos, cantiles de berrequeña, tajos inmensos, de donde amenazan desplomarse gigantescos pedruscos, y luego, una playa árida, escueta, límite de un mar pesado y aceitoso, con olas de un gris de plomo fundido... A la izquierda divisamos resplandores rojizos, intermitentes, como si algún incendio devorase el caserío de los pescadores de aquella ribera maldita.

—Oye, poeta —digo a mi guía, que no da señales de detenerse; antes sigue en dirección del incendio— no quiero más. No sé adónde me llevas, y contigo no voy tranquila. Debes de ser ánima del otro mundo, porque consta que el tiro fue mortal, y tu sepulcro, que luce una inscripción enfática, se les enseña a los curiosos en un cementerio muy poblado de cipreses y adelfas. No tengo preocupaciones, pero la broma ya me parece pesada. Te desconjuro. Rezaré por ti; rezaré devotamente... si me vuelves al punto a la plaza de la catedral.

—¿De qué me sirven a mí los rezos? —contestó mi guía, en voz serena y desesperada, voz de hielo, por decirlo así—. Ven conmigo, y no pidas guía mejor, que Virgilio no había de molestarse en servirte de cicerone. Yo fui uno de los poetas menores del Parnaso romántico: la musa no me amaba lo bastante para hacerme inmortal, y quise ser inmortal desposando a mi musa con la muerte... ¡Ojalá detrás de ésta no hubiese encontrado sino la nada!

Al hablar así, el poeta no hacía contorsiones; su cara, de busto de mármol, no se descomponía ni se alteraba; solo sus ojos me parecieron anegados en un llanto... que era fuego a la vez.

—¿Estás en el Infierno? —pregunté, con tanta piedad como asombro.

—Así lo llamáis los vivos —respondió el condenado—. Nosotros lo llamamos Mundo inferior, y a su rey le nombramos el Bajísimo.

—¿Por oposición al Altísimo?

Solo contestó con un suspiro el poeta.

—Pues yo no quiero tratarme con esa gente —insistí, viendo que de nuevo principiaba a andar mi guía—. Yo no tengo vocación de suicida. A mí, la vida me parece amable, y Dios, bueno, y sus obras perfectas; el arte me proporciona goces, la naturaleza me vivifica; creo en la amistad (no atravesándose el interés), y no tengo malo el estómago. Déjame de réprobos. Déjame de fronteras donde sea género de contrabando la esperanza.

—Si no descendieres al mundo inferior —contestó mi guía, mirándome de pies a cabeza con desdén glacial—, serás inferior tú misma. Quien no realiza la bajada a los Infiernos, que no se tenga por artista humano. Peor para ti si retrocedes. Ya me sospechaba yo que tendrías miedo, y por eso elegí esta noche para introducirte en la mansión del dolor. Para que veas cómo del mismo Infierno no está desterrada la piedad, te traigo a él la única noche del año en que no se atormenta a los pecadores. ¿Ves cómo la roja luz de los hornos de hierros va palideciendo y transformándose en blanco fulgor sideral? ¿Ves cómo las llamas ya son luminarias? No es que el Infierno se alegre del nacimiento de Cristo, porque en el Infierno no cabe alegría; la pena de daño, que es la tristeza, no se nos perdona jamás; pero esta noche se interrumpe la de sentido: los suplicios cesan, y cesan también los aullidos, el rechinar de dientes, el rugir y el maldecir. Ven sin temor... ¡Adelante! ¿No ves, allá lejos, en el último confín de ese mar de metal antes candente, una claridad casi imperceptible, que tan pronto riela como se apaga? Es el último reflejo de la estrellita de Belén..., que alumbra otros parajes menos espantosos. Hasta el amanecer no cesará de rielar, y mientras riele, mal que le pese al Bajísimo, sus verdugos no podrán torturarnos. Entra sin recelo... Te creerás en el Mundo terrestre, porque solo verás tristeza y amargura, pero no entrañas arrancadas y pies tostados por el fuego...

Como si no dudase de mi aquiescencia, echó delante, y, en efecto, le seguí animosa, sintiendo despertarse ya la curiosidad inextinguible. Cruzamos la puerta sombría con su lema de color oscuro, y vi desde el primer momento que el poeta menor no me había engañado. Aquello, si era infierno, no lo parecía. Nadie se lamentaba por allí. A la puerta se agrupaban los indiferentes; los conocí por su actitud, no porque los importunasen avispas ni moscones. Más adelante, los culpables por pasión no giraban en tremendo remolino a través del negro ambiente; inmóviles, distribuidos formando parejas, se miraban con ansia infinita.

El recio aguacero y duro granizo no azotaban las espaldas de los golosos, y los avaros reposaban sentados en los ingentes peñascos que sin cesar se encuentran compelidos a subir por cuestas y asperezas, empujándolos con el mísero pecho, donde no tuvo cabida la generosidad. Apagadas las fosas de llama o braseros donde los epicúreos materialistas y herejes sufren el castigo de sus errores nefandos, los achicharrados respiraban, y todavía sus ojos, fuera de las órbitas, y su carne, retraída y que descubría el hueso, demostraban la violencia del atroz suplicio. Por el suelo vi trozos humanos, fragmentos del despedazado tronco de los violentos e iracundos, que pugnaban por juntarse aprovechando la breve tregua de horas; las sangrientas cabezas se empalmaban sobre los hombros, las manos descepadas se adherían al brazo otra vez. Al pasar por la umbrosa selva de árboles vivientes, mi guía se volvió y me miró con un dolor tan intenso, tan altivo, tan insondable, que recordé... ¡Los suicidas son los que sufren tal pena; los que, desgarrados perpetuamente por leñadores implacables, acogen entre sus dolientes ramas, al través de las cuales circula la sangre requemada, a las Harpías vengadoras!

A la sazón, los horribles monstruos habían desaparecido. En la selva no resonaban quejidos de agonía. El Infierno descansaba. Presté oído... Ni un sollozo.

Con todo, juraría que allá, en un rincón... ¿Me equivoco? No; alguien gime; alguien se retuerce, alguien profiere imprecaciones y maldice de la hora en que su madre le hechó al mundo...

—Poeta —le dije—, me has mentido. Sácame de aquí. Están atormentando... No quiero oír ni ver... Sácame a la luz; me angustia esa queja tan dolorosa.

—Tienes razón; se me olvidó avisarte —declaró el poeta—. Es cierto que atormentan a uno..., el único..., la excepción... ¡Le fustigan con varas de alambre enrojecido y le echan por la boca pez hirviendo!... Escucha: es que ese hombre asesinó a un rival. Hacía muchos años que proyectaba el crimen y la venganza; no encontrando ocasión de realizarla sobre seguro, acechaba en la sombra, callado, siniestro. Una noche como la de hoy encontró a su enemigo en despoblado. La víctima iba a caballo, y picaba la espuela, porque quería llegar a tiempo de cenar con su madre y acompañarla a la iglesia a celebrar el nacimiento de Aquel... Mano a la rienda de la cabalgadura; puñal asestado, golpe seguro, en mitad del corazón... La madre que esperaba a su hijo recibió a la hora de la misa del Gallo un cadáver cosido a puñaladas. Por eso el asesino no goza de la inmunidad de esta noche, que no respetó.

—Vámonos —supliqué con energía.

—Vámonos —contestó el poeta—. Te llevaré a ver la Nochebuena en el Purgatorio.

El Imparcial, 30 de noviembre 1891.

II. La Nochebuena en el Purgatorio

El poeta suicida, que me había guiado por los laberintos y recovecos de los círculos infernales, me sacó al fin de la caverna, y juntos salimos a dilatada llanura. Pensé hallarme en los descampados de Castilla, porque si la tierra era árida y de cansado y polvoriento matiz, en cambio, el cielo, vestido de dulce color de zafiro oriental, resplandecía con hormigueo de diamantinas constelaciones. Lo que me persuadió de que me hallaba bien lejos del país castellano fue distinguir entre ellas la centelleante Cruz del Sur.

A lo lejos se oía el choque de las olas contra una playa. Guiados por el ruido, nos fuimos acercando a la orilla. Una barca se columpiaba sobre el oleaje —porque oleaje tenía aquel mar, oleaje vivo y fosforescente, como el del Cantábrico—, y una brisa rauda y salitrosa hacía palpitar las velas. Entramos en la barca, y el poeta, tomando los remos, la desvió muy pronto de la orilla. Así que encontramos el filo de una corriente, alzó los remos y dejó que el viento y el agua nos llevasen sin esfuerzo hacia la isla que se columbraba, lejos aún, bastante lejos, entre los violáceos crespones de neblina de la noche.

—¿Vamos a ver más penas todavía? —pregunté al vate menor, deseosa ya de que terminase nuestro periplo.

—¡Penas! —suspiró, dolorosamente, el condenado—. ¡Ah, quién pudiera sufrir las penas que ahora veremos! No hay más pena verdadera que la que no tiene fin. Un día tras otro consúmese el tiempo y se van absorbiendo las horas como agua filtrada por arena; todo suplicio se hace llevadero al pensar que cesará, y como decía Virgilio —mi ilustre antecesor— la última hora de la vida es el desquite de los vencidos. Pero en la región donde yo habito y de donde acabas de salir no hay días ni horas..., sino un infinito de tiempo siempre presente, sin límite, sin sucesión, sin forma particular... ¡Loco se vuelve quien en ello piensa!

Llena de compasión guardé silencio, y el poeta, dejando caer sobre el pecho la faz, calló también. Nos íbamos acercando a la isla del Purgatorio; sus dentadas costas, sus ribazos, sus vaporosas lejanías, sus valles, se divisaban claramente a una luz que se parecía mucho a la de la Luna, o, mejor dicho, a la eléctrica, y que permitía apreciar los colores. Noté que, al acercarnos a la isla, las olas fosforescían más y se volvían transparentes, con la transparencia pálida de la piedra llamada tan propiamente aguamarina: todo era verde alrededor nuestro, y la isla, poblada de tupidísimo arbolado, verdeaba también como gigantesca esmeralda engastada en el oro fino de los arenales, adonde atracaban sin cesar barquillas atestadas de almas, una multitud silenciosa, vestida de verdes tunicelas, hechas tal vez de follaje. La claridad verdosa, difundida en el aire, teñía las caras de un matiz singular, como si se reflejasen en una Luna de espejo muy antigua, o más bien como si las mirásemos al rayito fosfórico de un gusano de luz.

—Todo es verde aquí —dije al poeta—. Solo tú me pareces del color de la cera purificada.

—Ya comprenderás la razón —respondió el suicida, con calma horrible—. El verde es el color de la naturaleza, la cual resucita a cada primavera, y al derretirse la nieve, aparece lozana y fecunda, como si no la pudiese ofender el tiempo. En el Purgatorio observarás siempre esa entonación gozosa y juvenil. El Infierno es rojo; el Purgatorio, verde... ¡Repara qué prados, qué selvas, qué frondosas plantaciones!

Entrábamos en una ensenada que rodeaba vegetación tropical, y la barca se detenía, presa en una maraña de algas finas como cabelleras y recias como cordajes de esparto. Saltamos sobre las piedras, que hacían un muelle natural, y abriéndonos paso al través de matorrales espesísimos, llegamos a espaciosa explanada, donde hormigueaba innumerable multitud. Desnudos, o revestidos cuando más de una sobrevesta de lampazos, parecida a la que llevan los salvajes esculpidos en los pórticos de las catedrales, se apiñaban en la inmensa planicie los sentenciados a presidio espiritual, o sea, las ánimas del Purgatorio. La costumbre de verlas siempre, en pinturas y retablo cercadas de lenguas de llama, me hacía desconocerlas con aquel atavío.

—¿No hay fuego aquí? —pregunté al poeta.

—Esta noche no lo hay ni en el Infierno. ¿Cómo querías que aquí lo hubiese? —respondió mi guía—. Sin embargo, aquí el fuego nunca es visible. Esas ánimas de retablo que pintáis en la tierra son un medio de dar a entender a los sentidos lo que no podría comprender acaso la razón... y es que aquí se arde por dentro; se sufre una calentura que nunca remite..., excepto esta noche; una calentura de cuarenta y un grados y varias décimas, que disuelve la sangre, seca el corazón, abrasa las fauces, incendia el cerebro y engendra continuo delirio. En el Purgatorio se vive delirando. Esto es un semillero de inventores, de descubridores, de escritores, de artistas, de locos sublimes que todo lo quieren transformar, regenerar y embellecer; su dolorosa fiebre se resuelve en concepciones mitad absurdas, mitad grandiosas, y los únicos momentos en que descansan es cuando pueden acercarse a aquella fuentecilla que brota allí, ¿no la ves?, entre dos peñas..., y que está formada con las lágrimas de los que rezan por las benditas almas del Purgatorio, sospechando que reside en él alguien a quien amaron... Una sola gota de ese milagroso manantial les rebaja la calentura... Lo malo es que a veces la fuente corre tan escasa, tan escasa, que no llega ni para remojar los labios... Hay épocas del año —Carnavales, por ejemplo— en que casi se agota la fuente... En cambio, el día de Difuntos surte abundante, impetuosa, y su rumor consuela a las ánimas... ¿No has estado tú en el campo el día de Difuntos? ¿No te ha parecido que en la danza de las hojas secas, en el estridente aullido de las ráfagas de invierno, en el gotear de la lluvia, en la voz del mar cuando embiste contra las peñas, hay voces misteriosas, voces del otro mundo? ¡Las hay, las hay! ¡Cómo envidio a los muertos que reciben socorro de los vivos a quienes amaron! ¡A mí no puede socorrerme nadie! —y el poeta se echó ambas manos a la cabeza y un rugido se ahogó en su ronca garganta...

Nos llegamos a la explanada y nos mezclamos entre la muchedumbre de espíritus apiñados allí. Era la explanada una pradería de hierba densa y blanda, donde nos hundíamos hasta las corvas. En mitad del prado se elevaba un árbol inmenso, paradisíaco, singular en su forma: sobre el alto tronco brotaban de súbito dos ramas horizontales, gigantescas, pobladas de follaje, y otra rama vertical, irguiéndose en el centro, completaba la copa. La innumerable cohorte de ánimas tenía los ojos tenazmente fijos en el árbol, como si algo muy importante fuese a suceder en él...

Miré a derecha e izquierda, buscando un ánima a quien preguntar, y como llamada y atraída por mi deseo, se me presentó una mujer joven, de tipo muy conocido para mí, aunque al pronto me sería difícil decir dónde, cómo y cuándo la había visto ya. Guirnaldas de hiedra y gentiles abanicos de helecho velaban su casta desnudez, envolviéndola tan completamente como los paños de un ceñido ropaje, ayudando al mismo oficio la copiosa mata de pelo rubio esparcido por espalda y hombros, que en doradas hebras bajaba hasta los calcañares. Aquella mujer tenía la cara ovalada, la expresión candorosa, los ojos bajos, las manos Cruzadas sobre el pecho; parecía la estatua del Pudor; tanto lo parecía, que hube de decírselo.

—¿Has podido pecar tú? ¿En qué pecaste? ¿Cómo viniste a las regiones de la expiación?

—Me trajo a ellas el amor, dueño del mundo —contestó la mujer rubia, a quien se le tiñeron de carmín las mejillas. Yo era una pobre muchacha del pueblo; quedé huérfana, sin más dote que mi hermosura y mi virtud. Hilando, cosiendo, barriendo y fregando se me pasaban los días de la mocedad. Sucedió que, al salir de misa, vi a un señor muy galán y bizarro. Me requebró y le adoré. Al sospechar que yo estaba encinta, las comadres del barrio me señalaban con el dedo, y las mozas de cántaro se reían o torcían el rostro. «Has pecado», me decían; y yo contestaba: «Es cierto, pero Dios me perdonará.» Mi hermano, era soldado. Al volver de la guerra y saber mi deshonra, provocó a mi seductor y fue herido mortalmente por él. Expirando, me dijo: «Has pecado; maldita seas.» Y yo contesté: «Cierto; pero Dios me perdonará.» Nació mi hijo; el abandono y la desesperación me volvieron loca..., y le arrojé al agua. Los tribunales me sentenciaron a muerte, repitiendo: «Has delinquido.» «Dios me perdonará», contesté llorando...

—¡Pobre Margarita! —exclamé, porque ya recordaba dónde, cuándo y cómo había visto aquella dulce y lastimosa efigie—. Yo no te hacía en el Purgatorio. El gran poeta alemán nos aseguró que te habías salvado y que estabas en el Paraíso...

—Mi historia es tan vulgar —contestó Margarita, modestamente—, que no sé cómo se le ha ocurrido narrarla a ningún poeta. Tampoco sé cómo ese poeta, que será un sabio, ignora que el pecado ha de pulgarse antes de entrar en el cielo. Lo diría por hermosear mi vida, que fue bien triste y bien sencilla, y bien ajena a galas poéticas... Sí, aquí estoy desde mi muerte, sufriendo, hasta que Dios quiera, la horrible calentura expiatoria. Hoy, no; hoy respiramos; hoy se humedece nuestra boca achicharrada y se calma el ardor de nuestro corazón... Hoy... al punto de la medianoche... cuando en el establo de Belén se verifique el gran suceso... aquí se verificará otro, que aguardamos con afán —y de pronto, juntando las manos, exclamó:

—¿Ves?, ¿ves? Ya se verifica... ¡El árbol florece!

En efecto, sobre el follaje del gigantesco árbol en forma de cruz se destacaban unos puntitos, diminutos primero, como cuentas de coral, y que iban creciendo, ensanchándose, cubriendo de placas rojas la verde espesura. Fragancia suavísima se esparcía por el aire, y las manchas bermejas adquirían contornos de flor, pareciendo a un mismo tiempo cálices de rosa y heridas frescas que destilasen sangre...

La muchedumbre de ánimas, al florecer el árbol, rompió en himnos de adoración; la isla entera resonó como un arpa: collados, selvas, grutas y praderías vibraron musicalmente, y el poeta, separando las manos del rostro, gimió con acento sepulcral:

—¡Felices los que esperan!

El Imparcial, 31 de diciembre de 1891.

III. La Nochebuena en el Limbo

Al llegar a la puerta blanca, mi guía me dejó. Yo había visto contraerse el semblante del réprobo según nos acercábamos y, movida a compasión, le dije:

—Basta ya. Entraré sola. Maldita la falta que me hacen en el Limbo pajes, escuderos ni rodrigones. Allí no habrá más que chiquillería, porque las almas de los Santos Padres las sacó Cristo cuando descendió después de su muerte; todas salieron de reata, cogidas a un cabo de la cuerda con que los sayones habían amarrado al Dios-Hombre.

Gimió el poeta, y se guardó bien de acercarse al umbral de la soñolienta mansión. Yo empujé la puertecilla, y bajé por amplia gradería de nítido alabastro, que me condujo a inmenso patio rectangular. En su centro manaba una fuente plañidera, diminuta, que de tazón a tazón revertía gotas muy semejantes a cristalinas lágrimas. Al lado de esta fuente divisé otra no mayor, de basalto negro; el chorro que rebotaba en los platillos me pareció de sangre, que fluía en hilos bermejos y salpicaba el piso de placas redondas y oscuras. Entre ambas fuentes vi a un niño como de seis a siete años, en pelota, semejante a una estatuita de museo. La cara del niño me asombró: su entrecejo fruncido, sus chispeantes y altaneros ojos, no correspondían a edad tan tierna. El rapaz se entretenía con las dos fuentes, sepultando las manos en el sangriento chorro y bebiendo ansioso el raudal de lágrimas... Le llamé y acudió, orgulloso y marcial, clavando en mí sus ojos fascinadores de aguilucho.

—¿Quieres tú acompañarme? —pregunté a la criatura.

—Sí —contestó, lacónicamente—. Aunque ya, viéndome a mí, has visto lo mejor.

—Dime —exclamé, señalando a los guantes rojos que cubrían hasta el codo sus bracitos— ¿qué son esas dos fuentes? ¿Por qué estás ahí hecho un carnicero, todo mojado y ensangrentado?

El rapaz me flechó de nuevo sus terribles pupilas, y solo respondió, frunciendo el ceño adusto:

—Mírame bien.

Me bastó la primera ojeada. ¡Qué torpeza la mía! Estaba hablando. La frente vastísima; los ojos profundos y ardientes; las pálidas y esculturales mejillas; los delgados y apretados labios, de líneas correctas; la barbilla acentuada y firme, con meseta redonda; el perfecto tipo de un gran bronce romano... Así, así debía ser en la primera infancia el capitán del siglo.

—No pensé hallar en el Limbo a Napoleón —dije, risueña y con muchísimas ganas de regalarle un saco de confites al vencedor de Austerlitz.

—¡Sí, Napoleón! —chilló la vocecilla, aunque infantil, bronca y extrañamente grave—. Buen Napoleón te dé Dios. Napoleón, a mi lado, se quedaría tamañito. Sabe que yo nací al pie del Cáucaso, y mi destino era conquistar toda el Asia sometiéndola al poder de Rusia, y arrojando luego sobre Europa las gentes ya sujetas a mi yugo. No dejaría títere con cabeza. ¡Gran zarabanda histórica! El Imperio alemán, hecho polvo. Media Confederación germánica, incorporada al Imperio moscovita. Italia, repartida entre Austria y Francia. Los españoles, trasladados al África, y los ingleses...

—¡Santo Dios! —interrumpí—. ¿Todo eso pensabas hacer, mocoso?

—¡Y lo haría! —gritó el héroe en miniatura—. Ése era mi papel en el mundo. Solo que una tarde, jugando a guerras con otros chicos de mi lugar, tanto sudé que, al enfriarme, cogí una fiebre maligna...

—Y cátate salvada a la culpa Europa —añadí, intentando besarle aquella carita tan fiera y tan salada—. De modo que las fuentes...

—Son la sangre y el llanto que yo tenía que hacer correr. Aquí me sirven de pasatiempo. ¡Si vieses qué rico bañarse en los dos pilones! Las lágrimas tienen fama de amargas, pero a mí me saben a miel, y la sangre tibia y líquida despide un olorcillo fragante... Ven, que te enseñaré la sala grande, la Inclusa general. No creas, yo no voy nunca. No me rozo con semejante patulea. ¡No faltaba más! He acotado para mí este patio y juego solo. ¡Ay del que me dispute mis dominios! No pienses que no tengo más juguetes que las fuentecitas. Te enseñaré barajas de pedazos del mapamundi con ellas hago solitarios, y me echo las cartas y me predigo el porvenir. También poseo una escuadrita de acorazados de hojalata y caña, unas baterías de cañones de plomo y resmas de estampas de soldados y horror de sables de madera. A cada instante me los piden prestados los memos de la Inclusa..., pero yo no presto a chusma semejante. Ven, la verás.

Su mano diminuta y febril asió la mía, y cruzando un pórtico sin color, entramos en un salón gigantesco, pero frío, desnudo, de grises paredes, de aspecto cuartelario. Era lo que mi guía, el dominador del orbe, llamaba despreciativamente la Inclusa. El inconmesurable recinto estaba atestado de chiquillería: un océano de gente menuda; no intenté contarla, ni siquiera calcular aproximadamente su número. Imaginaos leguas y leguas de terreno cubiertas de mies; figuraos un pomar sin límites, cuajado de manzanas; suponed un colosal aprisco donde las ovejas hierven, ondean, se empujan, se encaraman unas sobre otras; así rebullían y pululaban los retoños humanos en la Inclusa límbica. Asombraba y entristecía considerar tal floración de capullos helados antes de abrirse, tanto fruto verde tronchado por el granizo, tanta cuna vacía, tanta desesperada madre.

No quiero decir la algarabía que armaban los chicuelos. Habíalos de muy diversos tamaños, desde el rorro coloradillo, recién salido del claustro materno, hasta el diablejo ya talludo; y de su masa confusa brotaba un coral análogo a los de Wagner, en que el llanto estrepitoso, el gemido desconsolado, la carcajada, el berrinche, el pataleo, el gorjeo, se unían en un solo acorde estridente, irónico, arrancado a las cuerdas y a los metales de infernal orquesta.

¡Y qué hervidero de cabecitas! Resguardada por la gorrilla de tres piezas, la blanda y abierta chola del mamón; aureolada por rubias sortijas, la del angelote de un trienio; con melena a lo Villamediana, negra y brillante, la del caballerito de siete; aquí la pelambrera erizada y cerril del mendigo callejero; allí los bucles de seda de la menina aristocrática; ya la pelona del escolar, ya la aplastada montera de crin del aldeanillo... Luego, los cráneos étnicos, dignos del escaparate de un museo antropológico: en los oscuros vástagos de la raza de Cam, la vedija lanosa; en los amarillentos muscos japoneses, el cerquillo frailuno... ¡Qué cabecitas tan curiosas! Daban impulsos de ir cogiéndolas como quien coge flores, y formando un ramillete... ¿Qué hacían las pobres criaturitas muertas?

Lo que de vivas. Jugar. Y con la explicación anterior de mi guía, comprendí perfectamente el sentido de sus juegos. En aquel rapaz que apila duros de chocolate, y los cuenta y los recuenta, y se los guarda muy envueltos en un papel, se ha perdido un avaro..., es decir, no se ha perdido nada. Aquel que se abraza a un rocinante de cartón, y lo acaricia, y lo halaga, y lo mira con embeleso..., hubiera sido un miembro del Jockey-Club, un sport-man de esos que besan a sus caballos vencedores en las carreras y cruzan a latigazos a sus queridas. Un muchacho se arrodilla ante una muñeca vestida de raso, con cara de porcelana, que abre los ojos y dice papá y mamá... ¡Feliz rapazuelo! La muñeca no le destrozará el corazón engañándole, como se lo destrozaría, si hubiese vivido, la mujer que la muñeca simboliza... La niña que da biberón a un bebé articulado no tendrá que llorar su muerte, como lloraría la del hijo que representa ese bebé. La imagen de la vida, en una comedia de marionetas; el destino figurado por el juego..., esto es el Limbo. Me volví y comuniqué mis observaciones al conquistador malogrado.

—Sí, sí —murmuró él—. Todo eso será verdad, pero a mí no me consuela. ¡Yo quisiera haber vivido, y saber lo que es una batalla, no de mentirijillas, sino de verdad; con soldados de carne y hueso, caballos que corran solos, cañones de acero que disparen balas de hierro y mi escuadra navegando en un mar real y efectivo, con olas, con tormentas, con viento, con truenos y rayos!

Al expresarse así, rugió el Napoleoncillo en agraz, y una lágrima saltó de sus lagrimales perfilados y duros.

Allá para mis adentros me pareció que el cachorro de león no iba descaminado. Aquella vida humana expresada con juguetes, con monigotes rellenos de serrín, con cartones y pinturas baratas, con aleluyas y cromos, debía de hacerse intolerable por su falsedad mezquina. Era la insulsez, la mentira sin velos de ilusión, lo abstracto, lo glacial, lo inerte, lo que ni llena el corazón ni aplaca la sed instintiva de vivir...

—Nosotros —añadió, bruscamente, el guerrerillo— no sabemos nada de nada. ¡Como que estamos en el Limbo siempre! Nuestra existencia transcurre entre ñoñerías y parodias. Solo hoy, día de Nochebuena, a la hora en que nació Cristo, vemos algo real, algo que no es ni patraña, ni decoración de teatro... Y la hora se acerca... Me parece que suena ya.

Un clueco reloj de latón dio doce campanadas, y noté una blanquecina claridad venida de lo alto, que iluminaba la Inclusa, difundiéndose lenta y gradualmente por los ámbitos del enorme salón. Poco a poco se convirtió en resplandor dorado, y las paredes antes incoloras refulgieron como si fuesen fabricadas de purísimo diamante. En el fondo, entre radiantes irisaciones y sábanas de gloriosa lumbre, surgió un objeto espantoso: era una cruz de madera, donde agonizaba un hombre. Le veíamos perfectamente. Su tronco, desplomado sobre las piernas, que contraía y engarrotaba el dolor, presentaba las huellas acardenaladas de la flagelación, verdugones hinchados y negros. Respiraba estertorosamente, y de sus manos, traspasadas por los clavos, descendía gota a gota la sangre. Los niños miraban sin comprender, angustiados, fluctuando entre romper a sollozar o esconderse en los rincones, por no presenciar aquella lástima atroz.

—¿Ves? —exclamé, dirigiéndome a mí guía infantil—. Eso real que solo hoy, a estas horas, se te presenta..., eso es la Vida. No la llores. ¡Salir del Limbo es ir al martirio, rapaz!

El chico alzó la cabeza, miró ahincadamente al Crucificado y un estremecimiento le sacudió... Era el escalofrío del horror silencioso. De pronto se volvió hacia mí, me contempló con arrogancia y exclamó, respirando firmeza y decisión inquebrantable:

—Pues yo querría vivir.

«*Nuevo Teatro Crítico*», núm. 14, 1892.

IV. La Nochebuena en el Cielo

¿Cómo subí del brumoso Limbo al Empíreo radiante? ¿Fue cabalgando en un hilo de luz? ¿Fue entre las alas de una nube? ¿Fue saltando de estrella en estrella, peldaños de la escala mística que en sueños vio Jacob? Posible me parece cualquiera de estos medios de locomoción, porque si nuestro cuerpo es plomo, centella es nuestro espíritu.

Ello es que de improviso me sentí envuelta en una ola azul, sutil, delicadísima, que compararía a la turquesa disuelta, si hubiera visto, alguna vez y en alguna parte, la disolución de esa piedra preciosa. Y la alegría y exaltación de todo mi ser, el rapto de mis potencias y sentidos, me dijeron a voces: «¡Quién como tú! Estás en el Cielo.»

Repito que me puse alegre como unas pascuas; el gozo procedía sobre todo de la imaginación, porque yo no experimentaba ningún beneficio positivo, pero eso de pensar que uno está en el Cielo es ya la mitad del Cielo, o más de la mitad.

No obstante, pasados los primeros momentos, empezó a convertirse mi júbilo en extrañeza e inquietud vaga. Azul encima, azul debajo, azul alrededor, azul por todas partes...; no solo era raro, sino monótono y sin pizca de chiste. ¿No habría en el Cielo más que tonos cerúleos, y por toda distracción concertantes de violines, violas y arpas? ¿Se reduciría la fiesta de Nochebuena en la mansión de los escogidos a un baño en las ondas turquíes del éter? ¿Tanto ingenio y variedad en los castigos infernales y tanta insipidez y poquedad en las celestes recompensas?

Éstos eran mis irreverentes pensamientos, cuando, deslizándose por la superficie azulina y tersa del misterioso lago, vino a mí un hombre vestido con ropilla de terciopelo negro, coronado de laureles, parecido a Cervantes en el avellanado rostro; mas no era el Manco, porque en melodioso italiano del Seicento me aseguró ser el mismísimo Cisne, sorrentino, autor de la Jerusalén, maniático, melancólico y muy honesto enamorado.

—He adivinado —me dijo— lo que cavilas, y quiero demostrarte que te engañas y que el Cielo no es aburrido ni soporífero, sino cosa muy buena. Esa idea de la monotonía del Cielo proviene de que el Cielo es por esencia inefable; no se puede explicar con palabras, y el Infierno y el Purgatorio, sí: los sufrimientos y los males están al alcance de la comprensión de un mortal; la beatitud eterna no la comprende sino quien ya la disfruta. Solo hoy, por ser Nochebuena, nos es permitido comunicar algunas partículas del bien sumo a los pobrecitos enterrados (desterrados no lo sois, puesto que en la tierra vivís). Y así te diré, en primer lugar, que el Cielo no es inmovilidad e inercia, sino al contrario, vida a raudales y actividad intensa y siempre fecunda. Sé por un ángel ambulante, de esos que van y vienen a vuestro globo, que cierta secta procedente de la India goza ahora de singular favor entre los sabios europeos, y esa secta ridícula hace consistir la beatitud en pasar cientos de años contemplándose el ombligo en un acceso de estrabismo convergente... Ríete de esos ascetas bizcos; en el Cielo todos miran derecho, franco y alto; las pupilas irradian luz... ¿No ves las mías?

Era verdad; los ojos de Torcuato Tasso, nublados en vida por la demencia y el dolor, relumbraban ahora como soles, claros, puros, magníficos; ventanas que descubrían el alma glorificada y dichosa. Envidia me causó el mirar del Cisne. ¡Cuán diferente de otro mirar torvo y siniestro que había pesado sobre mi corazón al acompañarme el Cisne suicida!

Desciñóse el Tasso su corona de laurel y me ofreció una hoja. La cogí, y el talismán obró inmediatamente sus mágicos efectos. A manera de telón de raso que se descorre, vi arrollarse el azul ambiente, y allá en el fondo divisé los resplandores de la Gloria. Vi en espléndida perspectiva aquella ciudad santa que, extendiéndose por millones de leguas, es toda de oro, margaritas y piedras preciosas; lucidísima y transparente como el cristal; sus torres y almenas, de jacinto y topacio; su atmósfera, de lumbre; sus cercanías, campos de fresquísima hierba y raras flores movidas por un aura embalsamada y deliciosa.

—Ahí tienes —advirtió el Tasso— la Jerusalén celeste, tal como la idearon y describieron los autores místicos. Por ella discurren los bienaventurados, sumidos, como la esponja en el mar, en un piélago de gozo, que los penetra y envuelve; gozo dentro y gozo fuera, gozo en lo alto y en lo bajo, y gozo lleno en todas partes (esto debías saberlo ya por referencia de San Anselmo). Los bienaventurados se encuentran ahí como esponjas, pero como esponjas que tuviesen tantos sentidos del gusto cuantos ojuelos y Poros, y las metiesen en un mar de leche y miel, gozando con mil bocas de toda aquella suavidad y dulzura. Vive su entendimiento con perfecta sabiduría; su memoria, con inmortal representación de lo pasado; su voluntad, con plenísima satisfacción; los sentidos, con continua delectación de sus objetos...

—¡Ah! —exclamé—. No comprendo, poeta; no me puedo figurar ese estado beatísimo, y creo que pierdes el tiempo en querer iluminar mi torpeza... Oigo tus palabras; me suenan bien, son dulces, deliciosas; pero no veo lo que expresan... ¡Quisiera ser esponja ya!

El Tasso me dedicó una de sus preciosas miradas, húmeda de compasión por más señas.

—¡Poverina! —contestó—. Voy a ver si te ilustro con imágenes más adecuadas para ti. Te gustan las artes, ¿no es cierto? Verbigracia, ¿eres aficionada a la música?

—A la música, no tanto; pero con todo... si es muy fina, muy escogida y de poco estrépito...

—Pues haz por conseguir el grado de santidad de tu compatriota la fervorosa virgen doña Sancha Carrillo, y verás cómo, estando enferma y para morir, con un acorde no más que llegue a tus oídos de la música del Cielo, se te quitan todos los males y dolores y quedas sana de repente. ¿No te acuerdas de que el canto de un pajarillo solo tuvo suspenso a un santo monje por espacio de trescientos años?

—Cisne, háblame de letras, y no de notas y acordes. Más música hay en tus estrofas que en ópera ninguna.

—¡Ah incorregible! —respondió él—. Voy a abrirte el apetito, a ver si te llevo por el camino de la bienaventuranza. Cada espíritu tiene sus asideros; ¡a ti hay que cogerte por el de las letras, empedernida, impenitente, aragonesa de Cantabria! Para que te tomes el trabajo de ganar el Cielo, sabe que si llegas a entrar en él, encontrarás juntos a los grandes poetas y a los autores ilustres de todo siglo y de toda nación, y podrás charlar con ellos o, mejor dicho, escucharlos a tu sabor, y te recitarán sus versos y sus prosas..., sin el contrapeso de tener que alabárselas... ¡Te será dada ciencia infusa, y comprenderás al oído y gustaras con deleite el griego de Homero, Píndaro y Safo, el sánscrito de Valmiki, el hebreo de Salomón, Job y David, el zendo de Firdusi, el latín de Virgilio y el ruso de Puschkin... Además (abre el ojo), verás esculpir a Miguel Ángel, y no te digo que verás pintar a Rafael, porque sé que no te entusiasma ese maestro... Yo te diré la fábula de la rosa, y Dante te obsequiará con unas terzine... ¿A que ya vas comprendiendo los hechizos de la beatitud?

—Si ser beato es vivir así, no interrumpir, sino completar la actitud del pensamiento, ensanchar la esfera del goce estético, salir de tantas curiosidades como nos hostigan —aun convencidos de la imposibilidad de satisfacerlas—, entonces digo que aquí se estará muy bien... ¡Qué placer inmenso el de revivir la historia iluminando sus tinieblas, conociéndola tal como fue, y no como la ofrecen las pálidas crónicas y las almidonadas narraciones de los historiógrafos!...

—Precisamente —exclamó el Tasso—, eso es lo que vas a gozar sin tardanza. No al dar las doce de la noche, porque aquí no hay noches ni signos que marquen el curso del tiempo; pero en el instante misterioso que corresponden a la hora terrestre verás el nacimiento de Cristo tal como sucedió... Ven, y aprisa, que ya se acerca el instante solemne.

Le seguí, y salimos de los amenísimos jardines que rodean la Sión divina, a una campiña vulgar, rústica y fragosa a trechos. Atravesamos un villorrio de desparramadas casucas, entrando en él por una puerta de herradura muy ruinosa. Las calles estaban desiertas. Comprendí que era la villita de Belén. Seguimos una callejuela que más parecía senda campestre, pues los edificios aislados y en desorden no tenían aspecto urbano, y alcanzamos un vasto espacio vacío, un páramo que semejaba agujero abierto en el centro del lugar. Allí vimos una especie de cobertizo, sombreado por un árbol enorme, que me pareció un terebinto, y cuyo ramaje se extendía formando techumbre. Al tronco del árbol estaba atado un jumentillo; una mujer joven, vestida de lana blanca, reposaba al pie del árbol, en actitud de cansancio. Notábase el bulto de su vientre...

—Es María —me dijo el poeta—. Siente que se acerca la hora de dar a luz, y quiere lograr asilo en ese cobertizo; José ha ido a hablar con los dueños, y se lo niegan; mira cómo vuelve cabizbajo. Ahora propone a su mujer llevarla a una gruta que sirve de aprisco y establo a los pastores... Ya se levanta ella trabajosamente... Se dirigen a la gruta... Mira.

Salían, en efecto, por la parte oriental de Belén y seguían un sendero que orillaba derruidos paredones y fosos, ya cegados, de fortificaciones que se desmoronan. A poco camino que anduvieron, un grupo de arbustos les indicó la gruta, cavada en la roca. Su entrada tenía un saledizo de bálago, abrigo de los pastores. La puerta era de ramas entretejidas; José la movió y desencajó no sin esfuerzo. En la estancia formada por la excavación y donde entraron los esposos, vi el pesebre, que no era sino un pilón o abrevadero abierto en la piedra para dar de beber al ganado; encima sobresalía el comedero, aún atestado de seca hierba. Obstruían la gruta esteras y haces de paja; apartólos José, colgó un candilejo de la pared de tierra, mulló la cama para la Virgen y salió con un odre de cuero a buscar agua; luego bajó a Belén por carbón y escudillas; volvió presto; encendió la hornilla bajo el saledizo y coció tortas y asó manzanas. María comió algo, oró y se tendió en la cama, suspirando de fatiga. José había vuelto a salir para atender al pienso del asno. Y cuando volvió, la gruta ya parecía inflamada en vivas llamas; fuego sobrenatural, como el de la zarza del monte Horeb, envolvía el recinto. José cayó de rodillas y alzó las manos al Cielo.

María, vuelta de espaldas, se apoyaba en la pared de la gruta. Con irreverente curiosidad, quiso oír sus quejas; no pude... La claridad me cegaba; maravilloso hormiguero sideral, inmensa vía láctea de estrellas, subía desde la gruta, centelleando y vertiendo océanos de lumbre blanca, entre los cuales solo se distinguía un niñito recién nacido, más luminoso que el Sol, rodeado de una aureola de rayos...

—Ya me ofusca tanta luz —dije a mi guía—. Ya no veo los detalles humildes, prosaicos y ternísimos que me encantaban: la realidad del Nacimiento...

—Eres mortal —contestó el poeta—. No puedes entender... Esa luz que te ciega sale de tu imaginación, surge de ti misma. No hay tal resplandor. ¿No ves al recién nacido, moradito de frío, lloroso? ¿No ves a su madre, que le faja y le empaña?

—No... ¡Luz y más luz!... —contesté, gimiendo, porque ya mis pupilas no podían resistir, y la vibración lumínica hacía danzar en mi cerebro átomos, primero rojos, luego verde esmeralda, luego morados... Hasta que, dando un grito, el grito de espanto del ciego, exclamé: «¡Nada, nada!... ¡Oscuridad completa!», y extendí las manos para agarrarme a algo, guiada por el instinto de sustitución inmediata de un sentido a otro...

....

¿Necesitas, lector, que escriba el clásico desperté? ¿Verdad que no? ¿Y verdad que tú tampoco sabes ni qué es dormir ni qué es despertar?

El Imparcial, 8 de febrero 1892.

La estéril

Aunque las tupidas cortinas, como centinelas vigilantes, cerraban el paso al frío; aunque las lámparas ardían claras y apacibles, derramando bienestar, y la leña de la chimenea, al consumirse, difundía por el aposento acariciadores efluvios cálidos; aunque en la cocina se disponía una exquisita cena, llamada a unir los primores serios de la moderna gastronomía con las risueñas e ingenuas golosinas tradicionales, como la sopa de almendra y la compota; aunque esperaba a su marido para saborearlas en paz y en gracia de Dios, con la sensación adormecida de una tibia felicidad añeja, de una serie de Navidades todas parecidísimas, la marquesa iba advirtiendo predisposición a entristecerse; casi, casi a llorar. ¡Como que ya tenía un velo cristalino ante los ojos!

Era la espina, la antigua espina de la juventud, que volvía a hincarse, aguda y recia, en la carne viva del corazón; era la necesidad, mejor dicho, el hambre de amor, de ternura, de delirio, de abnegación absoluta, de sufrimiento, reapareciendo una vez más para envenenar las últimas horas de la existencia, como había envenenado las primeras.

Para los que no ven sino por fuera y no penetran en las almas, la marquesa era lo que se llama una mujer venturosa. Su marido la quería con cariño sereno y perseverante, y había sido, al par que inteligente administrador de la hacienda común, afectuoso cumplidor de los más pequeños gustos y deseos de su esposa...

Sin embargo, sentíase defraudada la marquesa, sin que pudiera quejarse del fraude en voz alta. ¡Cuántas veces, desvelada en el lecho conyugal, había prorrumpido en sollozos, que despertaban al esposo dormido y le dictaban la pregunta de todos los ciegos morales!: «Hija..., pero ¿qué tienes? ¿Te duele algo? ¿Estás enferma? ¿Quieres el agua de azahar?» para obtener la respuesta infalible: «No tengo nada... los nervios, hijo... Sí, tomaré unas gotitas.»

¿Cómo decírselo? ¿Cómo se formula lo que apenas a nosotros mismos nos confesamos? La marquesa sentía la falta de algo que gastase y absorbiese por completo su devoradora afectividad. Cuando veía a sus amigas pálidas, desmejoradas, arrastrando el peso del embarazo o bregando con la lactancia, un rayo de envidioso dolor la consumía. Y —¡cosa más indecible y más secreta aún!— cuando oía referir la triste historia de alguna mujer vendida, engañada por un hombre y que, a pesar de todo, le adoraba y se pegaba a él como la hiedra al tronco..., el mismo sentimiento amargo oscurecía su espíritu. Porque la marquesa quería amar, y se moría de plétora amorosa, de la estancación del amor en los centros desde donde debe irradiar, penetrando y vivificando todo el organismo...

Escondiendo su noble enfermedad, como si fuese lepra; alta e inmaculada la frente; valeroso y resuelto el ánimo, la marquesa pasó de la edad en que se espera a la edad en que se recuerda, y ya en sus sienes el nimbo de plata de la vejez parecía promesa de calma y reposo... Mas no era así. Al venir el invierno y reconcentrarse el calor al corazón, crecían la angustia y el malestar de la enferma; sus angustias morales se complicaban con el tedio de la vejez solitaria y glacial; y a las diez de la noche del día 24 de diciembre, arrimada a la chimenea, sin que ninguna pena positiva la apremiase, rodeada de lujo, de seguridad y de dignidad, la marquesa dio suelta al llanto, y lloró gimiendo, mordiendo el pañuelo de encaje, ensopándolo en esas lágrimas calientes y vivas, muy salitrosas, lágrimas de pasión, que surcan de fuego las mejillas.

Ni siquiera advirtió que pasaba tiempo: una hora, más de una hora, y que no venía el marqués, ni rodaba ningún coche por la solitaria calle. Solo cayó en la cuenta de la extraordinaria tardanza de su marido cuando éste se presentó, restregando las manos yertas, secas, finas y largas y, tendiendo las palmas a la llama de la leña, mientras decía con deferente tono:

—Hija, no extrañes... Creí que no iba a venir hasta la una... Me cogió el Señor en la misma esquina y tuve que ir y subir a un quinto piso... Y todo para encontrar a una mujer que ya parecía difunta, y que se murió, efectivamente, a los cinco minutos... ¡Brr! Con este frío, no hay guantes que...

—Y si se murió la que iban a viaticar —preguntó la marquesa, por decir algo—, ¿cómo es que tardaste?

—Verás... Te lo contaré; lo más sencillo... Aquello es un cuchitril imposible, y bulle allí una lechigada de chicos, que se quedan sin padre ni madre... Yo, por suerte, llevaba un par de billetes en la cartera... De haber subido, parecía natural..., ¿no crees tú?

Y el marqués miró a su mujer como buscando excusas al rasgo de beneficencia, deseoso de que su generosidad resultase correcta y fría, perdiendo todo colorido filantrópico. Pero la mirada del esposo, que la marquesa no esperaba, sorprendió a ésta con los ojos llenos de agua y el rostro inmutado; y el movimiento brusco que hizo para ocultar su turbación fue más delator aún que la turbación misma. El repitió la eterna insulsez:

—¿Qué tienes? ¿Te pasa algo?

Levantóse la marquesa. Su dolor era tan agudo, que se le escapaba a borbotones de los labios. Echóse al cuello de su esposo y, como el prisionero que se queja a una pared, le gimió al oído:

—¡Gonzalo, yo no callo más! Se acabó... Yo he sido muy desgraciada... Y tú también... ¡Esta casa sin un niño, sin un pequeñito que cuidar! ¡Tan solos, mirándonos a las caras en este silencio, en este fastidio! Gonzalo, esta noche daría yo por un niño sangre de mis venas... ¿Qué hicimos para que Dios nos castigue? ¡He llorado más!... Soy infeliz; lo fui siempre... Aunque la gente piense otra cosa, muy infeliz, ¡muchísimo! Debí morirme a los veinte años.

El marqués frunció el ceño. La queja de su esposa le hería en lo más íntimo, humillándole en su doble orgullo de hombre y de último representante de una ilustre estirpe; pero sobre todo le desorientaba, pareciéndole cosa inconveniente y chocante, incompatible con el buen tono, el gusto y la delicadeza.

—¡Hija... lo que es para chicos, ahora ya... me parece que te acuerdas un poco tarde!... Si de mi voluntad hubiese dependido...

Y como la señora siguiese llorando inconsolable, añadió, no sin asomos de impaciencia:

—Mira, Elena, si te encuentras muy sola y necesitas jugar a los muñecos, te traes a casa uno de los chiquitines de Rafaela... Son una monería, tan listos, tan lindos. ¡Rafaela se dará por bien servida!...

—¿De tu cuñada? ¿De una mujer que vive, que tiene derecho sobre sus hijos, que me disputaría a cada hora la criatura? No, gracias... ¡Que se los guarde, y buena pro le hagan! —respondió con despecho, la señora.

—Pues entonces...

La mujer estéril calló, pero su mirada ansiosa seguía fija en el marido. De pronto, cogiéndole febrilmente de la manga, preguntó anhelosa:

—¿Y esos? ¿Cómo eran?

—¿Cuáles? —balbució el marqués.

—Los..., los de la pobre...

—¿De la que murió? ¡Elena del alma! ¡Cómo han de ser! Parecen gusanos... Horribles, sucios... ¡Hay uno raquítico, que asusta de puro feo!

La marquesa calló, suspiró, secó los ojos y, echando por ellos chispas de codicia, murmuró en voz ardiente y baja:

—Gonzalo, Gonzalo, ¡por Dios!... No me digas que no... Anda, y tráeme de seguida a ese chiquillo raquítico... Yo le sanaré. Yo haré de él un hombre fuerte, robusto... Anda... Te lo pido por la noche en que estamos... ¡Ve a buscar al pobre nene!

El marqués movió la cabeza, como diciendo en sus adentros: «Se acabó; a mi mujer se le ha vuelto el juicio.»

—Pero hija, ¡qué capricho!... ¡Un fenómeno así!... ¿Es para enseñarlo en las ferias? Yo no te traigo pelele semejante. Duerme, hija, que mañana ya te ríes tú del antojito.

La marquesa tomó de la mano a su marido y le llevó a la alcoba, que iluminaba una lamparilla, y señalando al Cristo de marfil, que habría los brazos dominando el copete de la espléndida cama barroca, exclamó, con indescriptible acento de protesta y algo del humorismo de la mujer segura de su victoria:

—¿Te parece a ti, señor don Gonzalo, que ése que nace ahora mismo, nace solo para los guapos y los derechos?

El criado, entre tanto, buscaba a los señores en el gabinete, para anunciar que la cena estaba servida; y el marqués, apoyándose como en chanza en el brazo de su mujer, decía, cortésmente, mientras se dirigían al comedor:

—Ahora, con este frío, supongo que no querrás que salga en busca del monigote. Las pulmonías acechan en la puerta. Mañana a primera hora te lo traigo, y tú ofreces diez duros de propina a quien te lo quite de delante. ¿Y sabes, Leni, que desde que tenemos sucesión has vuelto a tus mejores tiempos? Tienes una cara y un color... Mira, procura que no se enteren por ahí de lo del niño feo, porque nos van a poner en solfa... ¡Hijos a nuestros años... y de esa estampa!

El Imparcial, 25 de diciembre de 1892.

Vida nueva

Ángela entró: llegóse al espejo, dejó resbalar el rico abrigo de pieles; quedó en cuerpo, escotada, arrebolada aún la tez por la sofoquina del sarao, y se miró, y expresó en la cara esa rápida, indefinible satisfacción de la mujer que piensa: «¡No estoy mal! Lo que es hoy parecí bien a muchos.»

Fue, sin embargo, un relámpago aquella alegría. Se nublaron los ojos de la dama; cayeron sus brazos perezosos a lo largo del cuerpo, y subiendo con negligencia las manos, empezó a desabrochar el corpiño. Antes del tercer corchete, detúvose: «Le aguardaré vestida —pensó—. Al cabo, hoy es noche de Año Nuevo. ¿Será capaz de irse en derechura a su cuarto?»

Cuando Ángela, resuelta ya, volvió a subir el abrigo y se reclinó en el diván para aguardar cómodamente, su corazón brincaba muy aprisa, y tumultuosas sensaciones hacían hervir su sangre y estremecían sus nervios. «También no es suya toda la culpa —pensaba, acusándose a sí propia, táctica usual en los desdichados—. Yo he dejado que las cosas se pusiesen así. Veo que desaparecen las costumbres tan monas de la Luna de miel..., y transijo. Veo que se establecen otras secatonas, vulgares... y resignada. Veo que empezamos a salir cada uno por su lado... y no me atrevo a quejarme en voz alta. Veo que solo nos hablamos a las horas de comer... y me da vergüenza de presentarme triste o furiosa. Esto no puede ser; algo he de poner de mi parte. La dignidad es cosa muy buena, sí, muy buena...; pero cuando se sufre y se rabia, y se le pasan a uno por la cabeza tantas ideas del infierno en un minuto, ¡valiente consuelo la dignidad!»

No era Ángela de las mujeres que lloran a dos por tres. Al contrario: aborrecía las lágrimas y los pucheros. Sin embargo, al concluir el soliloquio, sospechó que tenía los ojos húmedos... y, despechada, los frotó con el pañolito de Alençon que llevaba escondido en el pico del corselete. «El caso es —pensó, impaciente— que voy a tener plantón para rato. Me he venido tan temprano, sin querer tomar ni una taza de té... ¿Qué hora será?»

Como respondiendo a la pregunta de su dueña, el reloj de bronce dorado produjo esa ligerísima trepidación que anuncia que va a dar la hora, y empezó a darla, clara, argentina y delicadamente. Ángela contaba ansiosa: «Una, dos, tres, cuatro... No cabe duda, las doce... ¡Ha muerto un año, y el siguiente empieza al vibrar la última campanada!»

Ángela se levantó. El tocador, que precedía a la alcoba, se encontraba alumbrando solamente por las bujías que ante el espejo encendiera la doncella al retirarse. Otro espejo mayor, el del tremó, colocado enfrente, reflejaba las lucecillas en su ancha Luna y fingía, allá en el fondo de la estancia, titilaciones vagas de objetos, movimientos de cortinajes y formas extrañas de muebles, que se prestaban a cualquier capricho de la imaginación. Ello es que Ángela, exaltada, materializó, por espacio de algunos segundos, la imagen del año que se iba y la del que venía. Los vio tal cual los pintan en alegorías y almanaques: el que se iba, centenario de luenga barba nívea, de agobiado espinazo, de trémulas manos secas, apoyado en nudoso bastón, envuelto en burdo capote gris, del gris acuoso de las nubes; y el que venía, rollizo bebé, en camisa, hoyoso, carrillludo, colorado, juguetón de pies, acariciador de manos, con luz del cielo en los ojos azules y rosas de primavera en los labios, que aún humedece la ambrosía de la leche maternal...

«A la verdad —pensó Ángela—, nene, eres muy lindo...; pero me gustarías más si tuvieses la cara de mi José Luis. ¡Año nuevo, añito nuevo, de poco me sirves si no traes vida nueva!... Mira, añito, que estoy determinada: o me la traes, o... ¿para qué quiero la que tengo?», exclamó casi en voz alta, cubriéndose el rostro con las manos y dando rienda suelta a sollozos roncos, rugidos de leona.

De súbito se enderezó; echó atrás la cabeza, brillaron sus ojos, se inflamaron sus mejillas... No cabía duda: sus pasos. Aun pagados por la alfombra, ¡cómo resonaban en el alma!¡Sus pasos!... ¡Tan temprano!... ¡Tan oportunamente!... ¡Con tal acierto amoroso!... ¡Al dar las doce de la noche, la primera hora del año!

Ángela se precipitó a la puerta a tiempo que ya la empujaba José Luis. Su mujer le recibía con loco abrazo, olvidando toda la estrategia de coquetería que momentos antes combinaba para dar la batalla decisiva y recobrar, o saber si había perdido de veras, al amado esposo. ¡Rara coincidencia! Diríase que un pensamiento mismo o una misma necesidad de afecto puro, fuerte, sincero, ardoroso, impulsaba a ambos cónyuges, a una misma hora, a soltar la cadena por donde la habían roto desde tiempo atrás la indiferencia y el cansancio del varón. ¿Qué ocultos móviles determinaban la conducta de José Luis! ¿Desengaños y heridas fuera, que le llevaban a buscar calor dentro! ¿O, pensando más cristianamente, ritornelos de un amor no muerto, aunque adormecido? Lo cierto es que, desde el primer instante, vio y sintió Ángela que no era necesario atizar el fuego, pues conoció su intensidad en las ternezas y halagos, en las balbucientes palabras y hasta en el propio silencio del marido, que con dulce violencia la arrastraba al diván, y recostaba en los hombros de raso de la dama una frente tersa y juvenil, cubierta de pelo negro, cuyo aroma conocía Ángela tan bien que sus vagas emanaciones le causaban delicioso escalofrío.

La alegría prestó resolución a Ángela, y su corazón, antes cerrado, se abrió como se abre una flor de estufa en la templada atmósfera que prefiere. Durante un intermedio de venturosa languidez se desató su lengua, tuvo valor para quejarse de lo pasado, y dijo su soledad, su abandono en medio del desierto social, su desesperación muda, sus oscuras meditaciones, sus lágrimas sorbidas, sus protestas silenciosas y hondas... José Luis sonreía, mostrando los dientes blancos entre la limpia y sedosa barba, y contestaba con halagos, con risas, con graciosa mímica tierna y aduladora:

—Hoy empieza Año Nuevo, ¿sabes? —suspiraba ella, vehemente, anhelosa, menos embriagada con la realidad que embebecida en la esperanza—. Año nuevo, vida nueva... ¿Verdad que sí?¿Verdad que no volverán días como esos del año pasado, tan largos, tan fríos, tan horrorosos? ¡Ese año maldito tuvo lo menos dieciocho meses! ¡Anda, dime que no volverán!... Vida nueva...

—¡Vida nueva! —repitió él, festivamente, ayudando, con gentil desmaña, a desceñir el elegante corselete de terciopelo rosa que rodeaba el talle de su mujer...

A la mañana siguiente, Ángela despertó antes que la doncella abriese las maderas: ardía aún la lamparilla tras los vidrios de colores que protegían su luz, y en tibio ambiente quedaban indefinibles rastros de la emoción, de la ventura pasada. Ángela miró a su alrededor; se vio sola; y seria, reflexiva, sacudiendo el sueño, se incorporó sobre el codo. «Unas horas felices, sí; ¡pero después!... Él se reía; ¡cómo se reía con aquello de vida nueva!... ¡Pobre de mí! No hay que soñar... Hoy empieza un año que será lo mismo que el otro... Hice mal en estar tan cariñosa... ¡Bah! Si el caso volviera a presentarse..., ¡estaría lo mismo! Año nuevo, ¡embustero!, me has engañado...»

Al pensar así, creyó Ángela que en las cortinas que cerraban el paso al tocador se agitaba una figurilla... La escasa luz no le permitió distinguirla claramente; pero la figurilla apartó las cortinas, y Ángela no pudo dudar. Era el Año Nuevo, el chiquitín, riente, rubio, fresco, con su camisilla de encajes, su gorrito de batista... Debajo del brazo traía una cuna dorada, con lazos de cinta azul. También él reía, como José Luis, pero reía a carcajadas, con la risa deliciosa de la primera niñez, que vierte chorros de inocencia divina y amenazaba con el dedito a la dama... Hasta fantaseó ella que el nene pronunciaba palabras sueltas, en media lengua confusa: «¡Tonta!... Yo necesito... ¡Vida nueva!... ¡Si..., yo..., vida nueva!... ¡Yo!...»

Ángela juntó las manos. Sus ojos se dilataron, su pecho se alzó para respirar ansiosamente; un ola de misterioso júbilo ascendió, desde las profundidades de su ser, al rostro, transfigurado por extática beatitud.

—¡Un niño! —murmuró, temblando.

El Liberal, 1 de enero de 1893.

Libros a la carta

A la carta es un servicio especializado para

empresas,

librerías,

bibliotecas,

editoriales

y centros de enseñanza;

y permite confeccionar libros que, por su formato y concepción, sirven a los propósitos más específicos de estas instituciones.

Las empresas nos encargan ediciones personalizadas para marketing editorial o para regalos institucionales. Y los interesados solicitan, a título personal, ediciones antiguas, o no disponibles en el mercado; y las acompañan con notas y comentarios críticos.

Las ediciones tienen como apoyo un libro de estilo con todo tipo de referencias sobre los criterios de tratamiento tipográfico aplicados a nuestros libros que puede ser consultado en Linkgua-ediciones.com.

Linkgua edita por encargo diferentes versiones de una misma obra con distintos tratamientos ortotipográficos (actualizaciones de carácter divulgativo de un clásico, o versiones estrictamente fieles a la edición original de referencia).

Este servicio de ediciones a la carta le permitirá, si usted se dedica a la enseñanza, tener una forma de hacer pública su interpretación de un texto y, sobre una versión digitalizada «base», usted podrá introducir interpretaciones del texto fuente. Es un tópico que los profesores denuncien en clase los desmanes de una edición, o vayan comentando errores de interpretación de un texto y esta es una solución útil a esa necesidad del mundo académico.

Asimismo publicamos de manera sistemática, en un mismo catálogo, tesis doctorales y actas de congresos académicos, que son distribuidas a través de nuestra Web.

El servicio de «Libros a la carta» funciona de dos formas.

1. Tenemos un fondo de libros digitalizados que usted puede personalizar en tiradas de al menos cinco ejemplares. Estas personalizaciones pueden ser de todo tipo: añadir notas de clase para uso de un grupo de estudiantes,

introducir logos corporativos para uso con fines de marketing empresarial, etc. etc.

2. Buscamos libros descatalogados de otras editoriales y los reeditamos en tiradas cortas a petición de un cliente.

www.ingramcontent.com/pod-product-compliance
Lightning Source LLC
Chambersburg PA
CBHW020443030426
42337CB00014B/1372